AF485574

ANDREA ESPADA
cruz quebrada
Buenos Aires Poetry, 2023
82 p.; 15.24 x 22.86 cm
ISBN 978-987-8470-57-3
Poesía Española

Editorial ©Buenos Aires Poetry

Colección ©Pippa Passes

Diseño editorial ©Camila Evia

**BUENOS
AIRES
POETRY**

BUENOS AIRES POETRY

editorial@buenosairespoetry.com

www.editorialbuenosairespoetry.com

www.buenosairespoetry.com

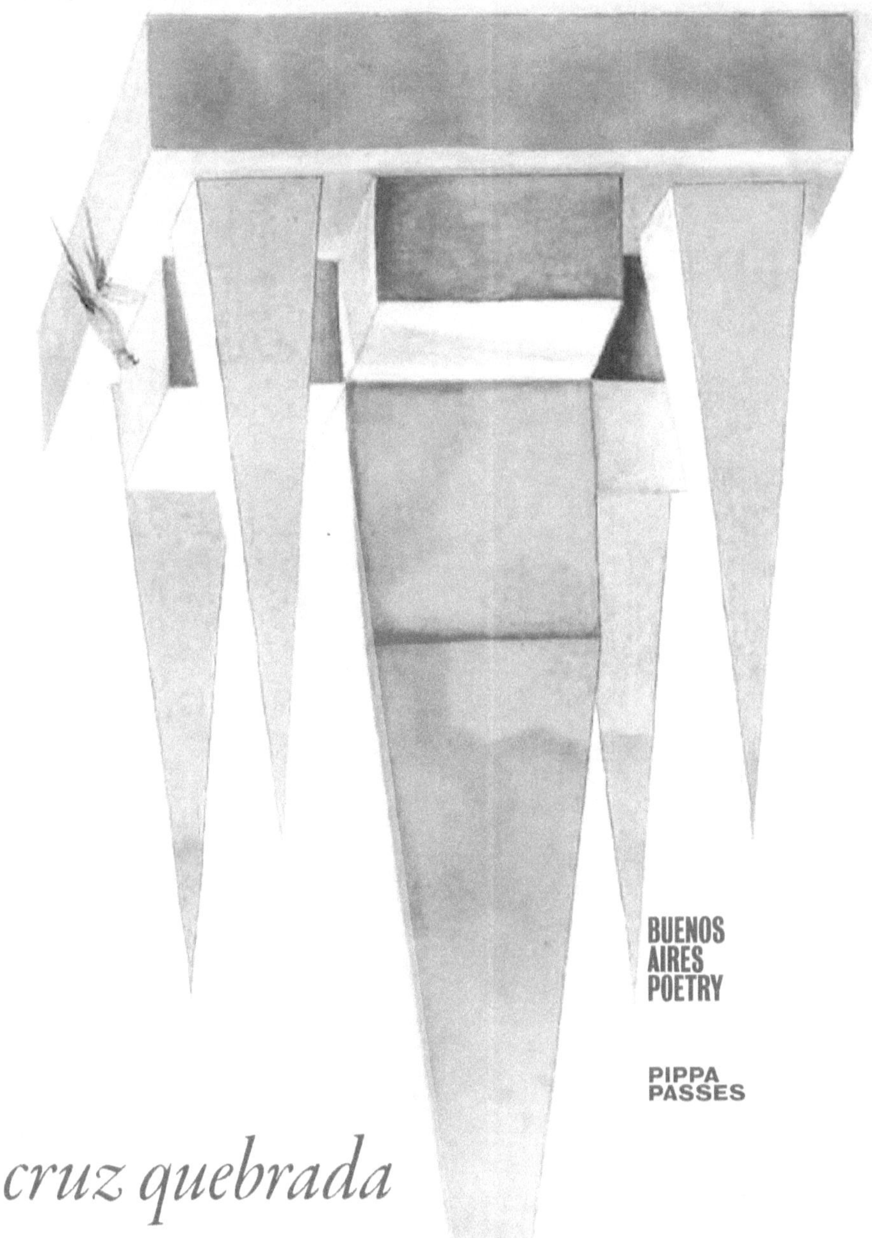

cruz quebrada

Andrea Espada

ANDREA ESPADA

—

cruz quebrada

A mi abuela Amalia

No fue siempre la misma, pero quienquiera que sea
es ella misma,
pues su poder no es otro que el ser otra que tú.

– *La cartomancia*, del libro *Los juegos peligrosos*
de Olga Orozco

✳

Escrever um poema / é como apanhar um peixe / com as mãos [...] luto
corpo a corpo / com o peixe / ou morremos os dois / ou nos salvamos os dois
[...] quando chego ao fim / descubro que precisei de apanhar o peixe /
para me livrar do peixe.

– *Arte poética*, del libro *Um jogo bastante perigoso*
de Adília Lopes

ACCESO A LA PALABRA

Como un sueño difícil de conciliar,
gorriones, arroyos, son los vientos que arrullan y
acercan el ladrido de los perros que
viven de la suerte y todos los días
la suerte llena sus bocas, como tú llenas tu boca
de palabras que son cacharros viejos viviendo
bajo una sábana blanca,
para que no se llenen de polvo,
para cuando las visitas.
Como cachorros jóvenes que
soban sus hocicos en esquinas mugrientas
donde la verdadera mugre es gritar:
y qué fuerzas tengo yo
para seguir escribiendo esto.

Lo único que he de hacer es permanecer, atender y
respirar como quien camina,
como quien goza, como quien
muerde, como quien auxilia,

como quien,
de vez en cuando,
atina.

CINCO POEMAS CRUZAN EL *GOLDEN GATE*

I

Más viejo que el lenguaje es el perdón
negocio indígena de la alborada
(también llamado el alba)
una reconciliación de estados de la materia
que el teatro imita
subiendo y bajando el telón:
ahora entra, ahora sale,
ahora sale, ahora entra,
el público eclipsado aplaude y aplaude,
mientras el individuo suda en la cama
febris lugubris,
de gusanos y larvas vive
el dorso de la baldosa,

lo que no se ve.

Yo era negacionista de la noche,
hasta que un día.

II

Nos acercamos a la orilla sin tocar el agua
redimía tu pena, la acunaba

pena tabulada y enferma.

Centra toda tu atención en repetir conmigo:
engendrar un órgano vital, caminar con
la ilusión de ser un rebelde
camuflado por las solapas del tiempo
en su viaje de vuelta.

La suerte es un invento que trasciende
y el ego un demonio necesario
para encontrar el antídoto.

III

Los no tan jóvenes peligros de
la dispersión, truculento gozo
de la hojarasca. No me oigas y
no le des privilegios a ninguna palabra,
palabra sobre palabra, sea tuya la voluntad
de hacerme cambiar de idea,
elevar un nosotros a la cumbre
de la escarlata o, si quieres,
la estratosfera.

Luego, tengo miedo de verte
y borrarte los ojos.
Podría ser feliz
si supiera cómo
empezar.

IV

Hubo un principio.
De puntos cardinales y de mapas
bulería en trance y tracto antiguo
la historia que me invento.

Salgo del agua
salgo de ti
salgo de las marismas
de entrañas pegajosas
cunas y cantos anónimos

un día más,

las ollas del mundo
con agua hirviendo
engañan a la muerte.

V

Cómo voy a llamarte
cómo voy a existir

la vida va gastándose,
la rumia va expandiéndose,
ahora es cuando. Soplando las
ascuas, drenando los peligros,
germinan imágenes exclusivas,
imágenes anticipadas para
poder caminar.

Montañas como pechos,
pechos como limones,
limonada como azúcar en mis
labios jóvenes, educando el tímpano,
un glaciar en el tímpano del tiempo.
La vida calla y yo, no te veré regresar,
viajo para sostener la evidencia:
cómo no recordarte si
vivir es conjugar.

Seremos conscientes gracias al verbo:
si digo gusanos qué asco,
si digo alebrijes qué bien,
si digo transitar la apariencia
me preguntaré por qué, para qué.

¿Entregaré lo que llevo?
no lo sé,
pero no guardaré nada

rien de rien.

ACTO FALLIDO

20

¿No te da lástima
encogerte de hombros
ante un amor tan vasto?

Herencia

Encontraré cómo decir
lo que tengo que decir,
una mano arpa y otra mano arpón
en los ojos sume la explosión bendita
en los ojos se expone la chispa, se compra
la avaricia y yace pavorido
el muslo del artista

beso en la frente y promesa ancestral
tu vida será algo mejor que la mía, afirmas,
vestida de guante blanco y tragas como
yegua sigilosa, tu trago almidonado.
¿Podrás apañarte sola?, dices,
con un pie barca y otro pie polea,
añades, ¿es tu cuerpo un portal?

Permíteme, mi cuerpo ha de ser
un puerto donde el silencio arañe,
donde el silencio hierva.

Puede que llore en el semáforo
que la gracia acabe
que tú no me sigas

ninguna casa es segura,
el frío del mañana es hoy
fuego en las costillas.

Sapere aude

No sé qué hierve en tu cima
qué calores anhelas
ni cielos pintas,

trepo por tu raíz huesuda,
no sé qué tiene tu boca, pero
sé que puedo llegar hasta ella
sin obstáculos,

no sé qué es un obstáculo
salvo cuando la noche, el guiso, la factura
y tengo que correr a todas partes
esquivando el tropiezo.

No sé qué es el mundo ni que tiene tu tez,
pero sé que no llevan la prisa
aunque el tiempo se acelere
aunque mi corazón se acelere

hasta cuándo, no lo sé,
tendremos que ser sanos y fuertes
hablar de conservas y dulces
o alimentarnos de sapos y culebras
aparentando buenas digestiones.

Un día sabré, libre de licores y enigmas. Nunca
y entonces.

Y entonces, seguiré no sabiendo,
mas creyendo saber
pues algo, digo yo que algo,
habré visto.

Ignorancia

No tengo sed, tengo paciencia.

Camino tranquila,
arrastro una maleta llena de palabras,
ya sé que el ser humano hace nidos, hace tumbas,
hace tiempo voy arrancándome tinieblas,
regando los viejos surcos. Duermo,
me despierto,
como, leo, escribo

para anclar una mirada tuya reúno en mí
todas las eras: bullo, reboso, salpico y soy
en mi verdad a medias.

¿Qué me faltó? Desparpajo,
decían las fulanas bebiendo mi sangre.
¿Cómo puede ser tan roja?,
decía yo mirando sus bocas.

Yo no muero, yo me entrego.

Camino tranquila, de espaldas al mundo,
me alejo para ser en él,
me acerco para el resto de tareas.

Cuando mueres

Puedes ser ceniza o viento, depende,
desde el otro lado es más fácil construir un castillo,
cuidar del jardín y abrazar a los cuerpos celestes.
Las cosas y la gente son dos formas recurrentes
pero nunca quieren decir lo que quieres decir,
tu frustración se va acumulando porque no sabes leer.

¿Por qué no grabas tu sed en mi mirada para averiguar
una nueva fuente? Entender que no siempre hace sol
después del milagro. Ver con la certeza del sueño
el campo donde destapo mis senos para recibir
a la primavera,

ofrecerle al universo
toda mi confianza.

Cosmoagonía

Me aproximé tanto que vi fermentar
la vida en una gota de sudor,
sin saber si era sudor
o lágrima.

La carne también piensa, pensé
la carne también se estremece,
la carne muere y aún muerta
nos perturba.

No exige un rito,
quizás un grito,
río donde se ahogan las flores
de tu mundo interior,

templo
donde las magnolias derrochan todo
su perfume,

habitación
donde puedes, al menos por una vez,
amar

con la especificidad de la carne hecha pedazos
que arropan la sangre que humea,

diferenciarla de la carne que arma
tu sepultura.

Artesano

Separas las palabras con meditación
delicada flor en tu dicción se abre

pronuncias con mayúscula la primera letra de cada letanía,
siempre tan joven la inmensidad que nos atraviesa.

Separas las palabras como si tuvieras la eternidad,
las abres para ver qué eco tienen dentro

buscas con tus manos el corazón que late en la fuente
y lo reproduces.

Iniciación

Qué mar cabe aquí, pregunta asintomática del día 1,
en esta tierra baldía, condenada a un cielo anónimo

respuesta-síntoma: si te rascas, provocas.
No descartes beber hasta la pulpa y
traga, tierra estéril.

La plaga es evidente, piensas,
estamos condenados a la fatiga,
dependientes del éxodo del ruido
para poder concebir.

Qué juego, qué pieza, qué elenco hará
nuestras delicias.
Qué aquello que penetra el
silencio y, a lomos de la noche,
nos llama.

Consolando

Concédeme los restos del naufragio,
lo que tuve y no tuve
la noche que fui, el grito
que me partió en dos o más
preguntas,
respuestas lanzadas como flechas sin diana
relevos, bosques, adoquines
una flauta y una flor,
tu perfume carbonizado
al apagarse la vela.

Dime que hay el hombre y la luna
y que has acariciado la curva
de la Tierra.

Salve y sea

Tierra de vivos e inertes, tierna y alabada madre, mundo,
no lo conozco, solo un pedazo.
Quiero encontrar otros caminos, pero no busco,
sucumbí a mi propio entierro, vivo en *fast forward*.
Resquebrajados, a veces,
no entiendo mis cantos. **Res-**
piro en la cosa, pero contengo el genio.
Aprieto la barriga y peleo, peleo, peleo…
Haga lo que haga, la muerte lo mira. La muerte me mira.
Me escondo de ti, me escondo de mí, tengo un vicio con la pala-
bra noche,
recurro a ella no solo para dormir, también para el trueque y el
traqueteo.
¿Tú juegas o eres de los que se queda en una esquina
mirando a la untuosa nada?, yo también me quedo mirándola con
fascinación,
aunque no la espere, a la noche, para ocultarme entre sus mato-
rrales,
hiriendo mis piernas con rajitas rojas, tu karma, ya lo sé,
aunque no te espere.
Sé que fumas porque estás herido, yo lo hice durante 4745 días,
días como puñados de sémola de trigo,
días como grietas desde que conozco la palabra grieta,
desde que desconozco todas las palabras, días como
girasoles desde que supe y hasta donde llego, lo que me duele es
la anestesia, la violencia descorchada del hiato

de quien siembra echando escupitajos.
El fragmento, *le mélange,*
de quien unta en saliva la herida
y lo logra.

Limpiezas

Me siento vieja, cansada, patética
escribir parece que *algo* me alivia
por cuánto tiempo, no lo sé

el infinito lo conocí en el pliegue de
una piel, la paciencia en el bastón
de un abuelo que aprende las horas,
a, be, ce…, mi cansancio tiene
veintisiete letras y trescientos soles

la noche se acerca y los personajes
se funden, la muerta es la misma
muerta. Pesa sobre las cabezas de todos

y todos se cubren con un velo dorado.
¡Ay!, si yo me declarase la eterna aprendiz,
pues sé que no engañan ni la pasión ni la ceguera,
solo no las prolongues demasiado.

Viendo morir me inauguro,
abro el ventrículo derecho, ¿o era el
izquierdo?, para que pase y deslice,
se jacte y restriegue bien,
la luz.

Aún te espero, acostada en el fervor,
depurando el hígado bajo las estrellas.

Cara y cruz

He caminado por las dos orillas y todo parece romperse siempre
las almas viejas afilan sus cuchillos, es una cuestión de belleza,
es muy antiguo. Se trata de desvestirse y sentir el filo en la garganta,
caminar de puntillas bordeando el acantilado

muere el aliento, tú persistes.

He caminado por las dos orillas y todo parece recomponerse,
los peregrinos nacen al mediodía, sus memorias son una ínsula
tienen toda una vida para hallarla. Primero se agitan hasta expandirse,
luego domestican sus deseos

con el aliento de la juventud, te yergues de nuevo.

TRES POEMAS DESCRUZAN EL *GOLDEN GATE*

I

He nadado al otro lado para dejar de escuchar la misma canción.
El mundo ya no es algo reciente, pero siempre hay novedad
para nombrar. Colmados de ruido y tóxicos, nos gusta
testar los límites y padecerlos. Cuando amo
me vuelvo noche líquida y me derramo
sobre los hombros del otro.

Soy frágil
Soy dogma
Soy nueva

Al llegar a casa, me dejo caer en la cama
como si fuera la ceniza tras quemar otro día.

Vigilo la noche. Soy la noche,
abrazo lo incómodo y me sumerjo
en noticias que anuncian que es hoy,
el futuro ya es hoy.

II

Ahora adivino que la vida es otra,
eslabón carcomido, sueño herido,
Dios diluido en los pasillos y ordenar
las flores en un tiesto.

Me acostumbré a la luz, pero
lo delicado está a la sombra
y quiero verlo.

Todavía yo. Todo por hacer,
fruto por comer, puerta por cerrar.
Dice madre que hagas un alto, llevas
demasiadas piedras, demasiado pesar.

He llegado a mi fatiga definitiva:
me aúpo y me acompaño, el milagro
duerme en la cueva donde
la soledad se bebe
la intimidad hecha caldo.

Me arriesgo. Después haré,
después diré. Más tarde.

La suerte no nace de una montaña,
la lleva el pájaro en su pico, mientras
pienso en mi hijo, mientras,
pienso en mi oficio, mientras,
pienso en ser el pájaro que,
por no pensar en hacer,
vuela, vuela y vuela tranquilo.

III

Mi pecho está abarrotado. No negocio. Tengo que escribir porquería, es un dictamen. La genialidad es una perla en el lodo y no se te ocurra darles perlas a los cerdos. Todo vale si vale todo. Me irrita este no saber, pero es mi casa esta tela macabra donde el color que viene después no se intuye y la sorpresa gobierna a los corazones grandes que todo lo aceptan. Al final, el muerto no se hacía el muerto y el vivo no hacía de vivo. Cualquiera podría sentir a las termitas devorando la madera, pero preferimos desoír, no ver, callar. Comenzaba a instalarse el olor apátrida, qué otra cosa sino el canto de la verdad apropiándose de la sala. Giraba la rosca, pero no salía agua, cloc, cloc, cloc, tres gotas para recordarme que hubo un tiempo donde allí corrió a raudales el agua limpia y cristalina. Ahora no hay nada. Nada calmará tu sed, *menina*. Estoy cansada de escuchar esa frase en mi cabeza, pero no la digo yo, es *la* voz. Me consuelo con la idea de que la palabra consuelo existe y tal vez pueda escribir sobre esto algún día y decir, no, no, no y no, ya sé que no podré escribirlo jamás, pero podré pensar que lo escribo y sí, sí, sí, eso me ayudará a vivir. Se ha hecho muy tarde. Hoy no lograré dormir, pero mañana seguro que lo consigo. Mi pecho está abarrotado. No negocio. ¿Y si la terapia funciona? Échalo, échalo, ya lo dijo antes mamá: no te lo guardes nunca, échalo. Golpes suaves en la espalda, oh-oh, oh-oh, oh-oh, canta mientras meces a la cría. Primero sobre la pierna derecha, golpea, suaves golpes, luego al otro lado, izquierda, oh-oh, oh-oh, oh-oh... ¡Brup! Ya está, mira qué bien, ¡bieeeeeen!, parece que alguien se está acomodando al lugar. Debí ganar muchas piruletas, chuperretearlas hasta que el azúcar me nublara la paz. Ahí lo tienes. La cría echó el aire que le sobraba, tal vez el mismo que ahora le falta, pero la cría lo aguanta, la cría lo aguanta. Mi pecho está abarrotado. No negocio, pero tal vez un día empiece a negociar.

Consulta

Me quedaba desnuda frente a la piedra
fría y temblorosa, mis manos
acariciaban los cardos, el vértigo
de sus finas espinas

como rocas flotando en lo oscuro, navegaban
mis dedos inhábiles, materia pastosa de
los sueños deshojando la verdad.

Crucé la puerta sin mirar a ambos lados
infinitos lados la piedra fría, me susurró
vuelve, fría y temblorosa, al espacio opaco
donde los huesos, los dedos espinosos y
las carnes desnudan rocas chupando sales.

Ya no estoy donde estuve.
Puedo caminar hasta la puerta,
pero no puedo cerrarla. Recluida
entre ropas y miserias, sola
con mis arterias y mis ciudades,
me dedico a la narración. Me agoto,
me reinvento, me involucro.
Pretendo iluminar, pero ¿dónde?,
¿en la vida?, ¿en el sueño?, ¿en el mar?

No hay lugar en ningún sitio.
No hay pasatiempo inofensivo.
Soy la nata deportista y la fresa
asilvestrada, en los campos de la vida
juego a ser: soy casi todo,
soy casi nada.

Orden

¿Y ahora quién soy? ¿Será que me estoy haciendo
de ausencias?, ¿me estoy borrando?,
acaso brotando, pero el tiempo no es tiempo
acaso veneno, nos va colocando.

La niña una isla debajo de la piel
la libertad una arista en este mundo de miel
quién es quién, un estar y no ser, territorio
que en ardor se afirma, sé muy bien,
poker game, remember?,
almohadas mullidas en la noche,
pero la noche no es noche, acaso
murciélagos clavando sus
colmillos en mi rostro

yo soy una rama: el viento
me azota, pero no me parte.

Tampoco moriré si
acaso un día
el viento me lleva.

38°43' norte

Solo la noche sabe de sus misterios de
algodón,
su brillo acrílico, agridulce como *toujours
demain*

el mirlo picotea migajas y tú coleccionando fotogramas.
Solo la noche es capaz de imaginar el mundo
y el mundo una peonza girando sobre mi palma.

Fuimos un amor de cocción lenta,
introducción a la ruina, un potencial
desencuentro. En las aguas marinas
de tus besos vuelan musarañas,
è troppo tardi, pensamos demasiado,
sumergidos en peceras de plomo y lama.

No nos alzamos porque, ¿por qué no vemos
la techumbre? Ya no sentimos más el calor y abdicamos.
Abdicamos, si es que hay algo de lo que abdicar,
siempre como consecuencia del otro y
por culpa de todos los culpables.

Cuántas veces lo habré dicho:
¿podemos hablar
sin hablar?, ¿llorar sin llorar?,
¿ser sin estar?

Solo la noche lo sabe, aquí dejé de sangrar
es mi lugar secreto.
46

Observaciones

No existen amores equivocados, solo rebosantes ceniceros
en el ángulo muerto del vicio reside el conocimiento
esta sombra mía guarda fortuna, riqueza que se traduce en polvo.

Quién eres sin un amigo al lado, sin lo físico,
sin lo náutico, sin un mapa que leer

los cuerpos se ahuyentan
los cuerpos se buscan
de la tarde solo veo su amago de

ausencia que es tu ausencia
que es mi ausencia doliente
como puñal en el pecho arder

no advertí mi orfandad de campana sin feligreses,
primavera sin niños y atunes desorientados, dime,
qué juego es ese de alumbrar tamañas tempestades.

Invierto todo lo que tengo en la renovación y
auguro que, gozosa, volverá a encontrarme,
otra vez, la tarde.

Adulterado Amor

48

Los amantes se extirpan mutuamente la psicosis
desconcertados por la presencia de un almanaque
en su frágil conciencia pagana,
beben el zumo de las flores y exponen
en vitrinas su virginidad.

De sus cajas averiadas no sale música,
ritmos condenados *aeternum*.

Perpetuando la estafa

Quién sabrá del abrazo precario donde se amplifica el genotipo
pesquisando el afán colectivo por erradicar el hipo,
regar el árbol de tu vientre maldito, por lo que pueda pasar
temiendo que nada pase. Insólito.

Si me quemo será una forma de decir te quise,
a pesar de anidar en la enfermedad del acopio y vivir
sopesando pentagramas en el vértigo por acumular el
grano de la libertad, el germen de la verdad que
nunca reconoceré aunque la chilles.

Espuma de las noches

La nenita en el interior de puerta cerrada llora
mi senti?, que alguien atienda
el teléfono no deja de sonar, ¿y ese ruido?
nunca sé de dónde viene,
de una *piazza* de la memoria.

Resuelvo dormir, oficio de cobardes,
si te cortas las uñas por la noche te dolerán
las muelas. Siento que pospongo la tristeza
o tal vez esté construyendo una balsa de
arcilla, un recuerdo averiado.

La memoria está ovulando, el mundo es de
los extremos, ¡qué hambre tengo, qué frío y
qué sueño!, con mis conflictos actuales
nutro a la niña de cieno.

Ante el desgaste de las palabras, la rabia exprime
su jugo más templado: beberlo en la noche me acelera
la prisa es la muerte, la nena,
la nenita, se va.

Culpa

No hay remedio, hija mía,
arrodillada en la palangana vomitas hasta
parecer litúrgico, duermes hasta
desaparecer.

Casa

1. Sombra que se dice con orgullo y se hace con el tiempo.

2. Lugar que se cava y manosea pasando de padres a hijos, de hijos a espíritus, de espíritus a empresas de mudanza.

3. Mapa errado donde los corceles sueñan. Sueñan que avanzan.

4. Una región que cree que me conoce.

5. Tu abrazo y tú cuando me abrazas.

Ruido

Hija de mi tiempo, *blackout*, mi
corazón preso en el desierto, abrí la
boca para recibir las primeras nieves frente
al almendro experimenté ju-ven-tud
y desaliento

no me encuentro bien
no sé qué es,
tal vez el mar vaciándose
la nube vieja borrándose
o el colchón de muelles abandonado
en el corral.

Me escuecen los ojos si los cierro
al abrirlos solo hay dos caminos

recoger
o arrasar

Mendiga

Quiero que me llaméis,
animales desdoblados de vosotros mismos,
llamadme, comunicaros conmigo a través de mi lengua
sin adornos ni silencios, os llamaré también,
con la estricta información que tengo del ocaso
el murmullo que guardo de escuálidos arroyos,

pero antes quiero caer
para doler y levantarme cuando crea que me muero
transmutando el barro y el ruido
hasta llegar al agua.

Bañarme en todas las vértebras que
sujetan el cielo y saltar al vacío bendiciendo
este hogar, esta lámina fina —cortante
como el cristal o la hoja— donde
vacilamos y arrojamos nuestra
febril esperanza.

Retrato

Muchacha de periferia
bailas girando en el cielo
al son son de las monedas
mordisqueando el anzuelo

la vida te harta deprisa
surcas con ojos de duelo
rutas que no han de saberse
cumbres que son caramelo

no corras, muchacha mía
con ese manto nevado
tejido de palabritas
llevándote a todo lado

muerde una hoja de menta
para calmar tus dolores
que inhalando su frescura
reinarás todas las flores

encenderás una vela
para rezar por nosotros
que en los caminos de vuelta
nos confundimos con otros.

Meteorito

Somos huérfanos de muchos
y estamos todos cayendo.

Sonámbula

No
me salvo
ni dueña
de mi cansancio

esta brisa durmiente también es mi voz
arder por fascículos
no
me dejo
aunque el humo gaste la herida
y la resistencia raspe
los márgenes

uno muere de tanto no querer morirse
tratando de endulzar lo que dulce no es,
piedras blancas como copos ignorando
la carencia, el humo, los animales,
mi voz dormida
malgastando
el
silencio

Extremaunción

Cómo puede morirse el tacto aterciopelado
de tus brazos sin vello, sin fragancias ni
mejunjes y aún tan suave como
la tierra tosca y sus tonos rojizos
disueltos en un vasejo de agua con limón y
miel de flores. Tan dulce y tan suave

como el susurro de una canción perdida, de
un vencejo perdido, en la memoria de los labradores
que viajan con el azadón en su hazaña diaria,
el almuerzo frugal de la infinita posguerra con
siete varones y pocas tierras. Dura y suave
como la raspa de una sardina, el silencio
de la comunión y el fuego de todos los pecadores.

Extremadamente suave como
la polilla agolpándose en la luz,
como la polilla muriéndose en la luz.

Cómo puede morirse lo verdadero de un azul
ya ferroso por la espera y esperar una moneda
a cambio de una temprana orfandad,
una orfandad a cambio de una precisa moneda
con la que pagar todos los precios.

La servidumbre
como destino de toda la humanidad,
su lealtad
como víspera ilegible que
tú sin leer comprendes.

Despedida

La mirada detenida en el espejo siega
la tarde que muere en el umbral donde una rata
muerde algo que ha encontrado en la misma ciudad
donde vamos haciendo, nos vamos viendo
y lo vamos contando.

Siempre de paso, nunca me guarezco, a veces
me pregunto, ¿otra mañana roída por el mismo sol?,
¿camino hacia el interior de la memoria sin
protección ni balas?, ¿es mi casa un abanico de trastos que
ocupan más que la sed? Será mi casa si te pronuncio,
solo en ti y no en otra parte. Yo seré el rayo que
me parte, el rastro de tus jornadas, la cumbre
de una torre de lamentos.

La vida siempre más,
la carne siempre más.
Te viene grande la muerte.

La mirada detenida en el espejo advierte:
es difícil, por no decir imposible, que
vuelvas, si nunca quisiste marcharte.

MÉTODO

Después de la llorera un frío negro,
me sabe la boca a ciénaga.
Si los árboles hablaran, hablarían de hastío porque
no pueden moverse
solo rascarse, con sus ramas agitarse
danzar con el viento,
danzar amarrados.

Yo, en cambio,
he sido bendecida con el milagro
de las piernas
por eso, de vez en cuando,
para honrarlas,
echo a correr
corro, corro, corro

y si quieren
que me alcancen.

Confiesa

Roo el tiempo,

yo hube roído,
roeré

los huesos maculados,
muerta la culebra
ya gané

el pincel del maestro
y el lienzo vagabundo

¿derramarías tu última lágrima
por algo que no es tuyo?

Preguntas al nacer

Quisiera ver los colores vidriosos
que habitan el alma
escuchar el pregón de la batalla,
saciar el hambre de custodia.

El acto de pensar en círculos me arrincona,
la sumisión que garantiza un placer limpio,
me quema el pensamiento.

Fauces del infinito, un perro lamiendo tumbas igual que
un pájaro en tus manos blandas. Miro negro y veo
blanco, en la piedra intuyo barco, mirlo negro y sueño
blanco, persigo blandir el arma.

Ante las riendas que no toco, bajo los ojos que no veo,
el cuerpo es un molino vencido por el dogma que
bebe el cáliz, el crimen que bebe el pecho,
alma máter que amamanta
aliviándonos el peso. Flor y yugo,
manjar en tu sangre impreso.

De quién voy a aprender
en qué rostro voy a amar
y ser amada
en qué forma.

Continuación

64

Hazle un favor al universo, siéntate a esperar
el milagro es puntual y en la lengua hay
un puente que el sereno cruza dando
las buenas nuevas

por aquí seguimos peleando,
mientras, en alguna parte,
se barajan nuestros destinos

veo colores y formas que
sin tus ojos no sé
si están lejos o cerca,
si brillan o languidecen
en el sentimiento cojo de existir
previa metamorfosis

sí,

todo tan grotesco todo tan
gentil, tu llanto hecho de lana y
mi amor un pobre ovillo
que lo recoge.

Aún caliente

Enjuagar el dolor y escurrir la pena
dar el brazo a torcer, firmar
el reencuentro, pactar la salud
resolver la ecuación: no hago pie
es tan profunda la grieta como
dócil la incógnita.

Llevo un cielo gris a mis espaldas,
doliéndome, el roce de tu mano
negra-amapola, suerte de cándida
tarde donde caigo, donde beso,
donde riego mi mirada abierta
al cosmos. No me rindo ante
la dureza de un mundo de papel-
tijera y siempre roca-abrupta.

Arder solo de puertas para adentro.

Echarme a dormir en la urdimbre,
amalgama o carbón-perla. Sedar
mis huellas. Decidir si hace frío o
calor entre tus piernas. Decir adiós,
decir te quiero, por el simple hecho
de calmar la gula y seguir la estela.

Desconcierto

Cómo llamar a estos sentimientos,
no tengo los nombres.
Pertenecen al vientre
a la noche larga donde
ya no sé qué veo
cuando miro nuestra foto.

Voy curándome la nostalgia,
sacándomela con cuidado,
como quien extrae un diamante
incrustado en el cerebro,
una piedra preciosa
pegada al hueso, o un cristal
camuflado entre las vísceras.

Como una cirugía que uno se practica a sí mismo,

voy a necesitar la palabra igual que la enfermera
necesita la gasa y el bisturí.
Extraer el néctar de tus escombros,
bajar la fiebre de los encuentros que ya no,
no permitir que me tiemble el pulso,
pues sé dónde realizar el corte exacto.

Uniré mi palabra
a tu palabra,

empujaré con ellas al silencio
y no me opondré al nacimiento
de un olvido primogénito.

Bálsamo y un epitafio

A la vida le debo la vida,
siempre comienzas tus cartas así,
hierves la leche y le quitas la flor,

tú tienes la fórmula.

Curo el eczema leyendo y mi mano,
llena de semillas,
esparce por el suelo palabras.
Las libero como se liberan animales
salvajes, abriendo la jaula.

¿Seré libre?, calla y bebe
antes de que se enfríe,
yo no controlo nada.
Condenso mi llanto en una cápsula
y escribo: *lágrimas de santa.*

Conozco bien el mundo, la tierra es una manta y
debajo solo sueñan.
Digo que conozco bien el mundo, pero
siempre hay una mentira agazapada entre
los matojos.
Puede que conozca bien el mundo
—calla y besa la ráfaga—
pues si escuece,

dejo que escueza, si duele,
dejo que aflore, si quema,
dejo que arda y si muere escribo por fin:
a la muerte no le debo nada.

Balada para el hundimiento

Se ahogan las cosas que nadie sabe.
Tú también y
algo de mí
se va contigo.

No advertí tus pisadas y no dejé mis huellas.

No te importa ser el diablo y predicar
la desdicha de la norma. Tú sabes dónde está
el bien y dónde está el mal. Trazas una línea
con tus dedos magnéticos, por aquí el río,
por aquí el valle, al fondo, siempre, las montañas,
y más al fondo aún, lejano, crece el mar,
crece el viento que nos desestabiliza.
La tónica de nuestro mundo.

Para cuándo la lluvia, la chapa, la matraca,
tiempo reunido en los ojos mirándonos con desdén.
Revelación, migraña y la ansiedad del chubasco,
conciencia de que ardió un bosque bajo tus pies,

¡tus manos!
Son tan pequeñas para esos ojos.

Te vi, me viste. Debería valer,
pero hay algo en la ausencia

que habita en todas las cosas, el brillo
que algunas cosas tienen.
Hay algo pesado, torpe, inexpresado.
Hay algo que nos tortura y nos reprime.
Algo que, aun sumiendo,
todavía ríe.

Vomitona

Necesitas venir aquí para volver allí,
si vuelvo porque vuelvo
si no vuelvo, ¿por qué no volví?

Deja de armar bulla, me escribiste
y yo eché hasta el envoltorio
devolviéndote sin saberlo
hasta la última coma.

Trucos

Parece que regresé de un país de caras tristes,
un mapa descampado: ni trigo, ni rosa,
ni siquiera pampa.
Treinta años y ya estoy hablando de viajes de vuelta.
¿Qué significa? Nada.

Resuelvo la ecuación con manos ciegas
reviso la canción con mi sordera y no acierto, no,
a adivinar la estación por su paisaje.

Es tal el ansia y la mezcla, (si me disculpan,
la mezcolanza), por querer utilizar
una palabra menos corriente,
pues días es diaria, igual que prisa, viento y café,
pero quién dice tan a menudo trueno,
carruaje, volandas y brebaje,
carantoña, azucena y manojo de laurel.

Con esta pista me dejo ver.
Con esta prisa nadie me llama.
Desnuda soy, confieso aquí y para nadie.
No me rindo y no me harto de decir lo mismo,
cambiando la forma y/o el fonema.

La palabra es mi haz y mi tumba,
mi amiga y maestra. Mire donde mire,
busque donde busque, no es más que

el bosque donde desvelo llanto y fortuna;
cuero, cobre, tinta y dilema.
74

No hay atajos. Hay caras tristes y
mapas desubicados.
Es tal el ansia y la mezcla, (si me disculpan,
la mezcolanza) ... Voy y vengo,
vengo y voy, pero el camino es distinto
y, sin embargo, nunca cambia.

Perdón, no perdón

No nací
me sacaron,

ya no sé si soy una inicial o un número,
soy la carcoma de mis sueños, voy arañando
los bordes, usurpando el jazmín

cuando me hablan de tradición pienso,
¿tradición o traición?, y me curvo entera
para volcar la pena mejor, aliviar
el peso ajeno, rechazar la invitación.

No me apetece.

El mar me arrastra hacia un eclipse
la sombra macerando se dulcifica,
a punto de nieve blanca,
mis pisadas en la nueva orilla
se hunden en la arena.

La hierba seca arde, decías,
quiero regar los surcos donde el silencio,
rellenar el silencio de mar
compensar lo que haya que compensar
labrando
para otros
la tierra

A mis raíces

Me pregunto si crecen patatas en el cielo,
si mis ojos podrán ver algún día las lindes
como una salvación,
una puerta directa al reino.

En mi casa no hay estampillas ni cruces,
pero huele a tiempo vedado.
Mi corazón está en la lumbre,
junto a la abuela: incienso del espíritu
y ofrenda.
Latimos juntas, cantamos juntas
y así va quemándose
la dicha.

La tierra no cruje, cuando piso,
llena de enjambres mi cabeza,
me duele. Atravesé yo misma mis
fronteras, comí la carne de Dios,
cruda, la mirada zurcida de plegaria,
nostalgia de un vientre mamífero
y sincero.

Por qué nadie me sirve un cóctel de bondad,
a nadie le importa la paz de los otros y los otros
siempre quieren incendiar sus ojos con guerras.

Llanto ascendente

Estuve cerca, pero elegí vivir en la mente
las cosas son grandes y yo soy pequeña
los lunes temprano y los domingos de miga
de pan. Habichuelas germinan,
alguien tiene que velar.

Ya no dirás más que hay que callar.
Ya no dirás. No dirás. No.

No lloro la trampa ni la injusticia
lloro porque el tiempo no borra
y la mano que borra es inútil.
No lloro el cuerpo presente ni
el fallo en el sostén, lloro
porque se me ha vuelto a pegar
la tortilla a la sartén.

Estuve cerca, pero elegí no ver.
No tocar. No decir. No hacer.

Sol en libra

Lo que asciende, será mi credo
mis pestañas, la lozanía. A solas con
el resto de no pertenencias, mi densidad
tan densa, y su aire denso, una mirada que
ladra, religiosa, cada luna llena.

Los mismos días y números regresan
a la memoria convaleciente. Tócalos,
no se achican como pupila. No era eso
lo que quería decir. La desdicha es
inseparable de la vida celosa, la vida
ardiente, la vida prima de tantas vidas y
de tantas primeras veces.

Coseré unas alas con las sobras,
remendaré todos los recuerdos, elegiré
el misterio azucarado que
transforma en electricidad el sueño
y me sobrepasa. Nunca sabré
si es A o si es B el camino que me conviene,
(la ventana que necesito), pero es nítida
la voz que me dice que no vuelva la cara
que mire hacia adelante, porque es ahí
adonde voy, ¿y a dónde vamos,
sino al cobijo?, ¿a dónde sino al vientre del mundo,
orificio donde se celebran el color y la forma

en todas sus virtudes y anchuras? Todo
disfrazado de futuro.

No meteré mis narices en los asuntos ajenos,
pero qué hago si me gusta ir
olfateando por ahí, a riesgo de toparme
con tufos desagradables y caras que no terminan.
Soy la misma y no. No hay más cabos sin atar.
Degusto la apariencia y me limito a observar,
no pido nada para llevar, no tengo nada para envolver.
Mis comadrejas son capaces de albergar,
sofocar y relucir, pero aquí nadie se hace pequeño.

Yo leo una cosa y tú leerás otra, como flora que emerge
en otros y en los mismos sitios. Seguiré practicando
la escritura, la poesía y su trabajo, pues si el mundo es
un gran embarcadero, yo quisiera ofrecer mi barco,
tener clara mi utopía, aunque nunca arribe y no me importe,
mientras pueda, y me permitan, seguir navegando.

Andrea Espada. Poeta española (Cuenca, 1993), actualmente reside en Brasil y trabaja como lectora de español en la Universidad Federal de Paraná. Interesada en la comunicación intercultural y en la lingüística, comenzó a ejercer la docencia en Lisboa, donde vivió cuatro años y tras dejar Madrid, ciudad en la que se formó primero como periodista. Como poeta, ha publicado el libro *Pena de pájaro* (Amargord, 2019), sus poemas también aparecen dispersos en revistas, publicaciones en línea y antologías. Ha participado en recitales y festivales de poesía como los Encuentros Internacionales de Telciu, (Rumania, 2018), Poesía para Náufragos (Cuenca, 2019), Expoesía (Soria, 2020), el I Encuentro de Poesía Peninsular (Peniche, 2022) y el I Encuentro Abierto de Poetas Hispano-Hablantes (2023).

Mayo 2023
Impreso en Buenos Aires,
Buenos Aires Poetry
www.editorialbuenosairespoetry.com